Linh Dao & Pavla Hanáčková

TIERE IN GEFAHR
SO KÖNNEN WIR IHNEN HELFEN

h.f.ullmann

Inhaltsverzeichnis

ACHTUNG! GEFAHR!

ODER TIERE IN NOT

Es ist kein Geheimnis, dass die Tiere und Pflanzen auf der Erde gefährdet sind. Aber das Leben in der Wildnis ist auch nicht ohne. Eigentlich hatten sich die Bewohner unseres schönen Planeten bereits mit ihrem Schicksal abgefunden, aber dann kam der Mensch. Ups! Schon gab es Städte und all die modernen Annehmlichkeiten. Doch gleichzeitig sieht man immer weniger Tiere und Pflanzen, weil sie ihre natürlichen Lebensräume an den Menschen verlieren. Die Tiere sind in Gefahr, und das ist vor allem unsere Schuld. Schon jetzt sind einige Arten ausgestorben, und viele andere benötigen dringend unsere Hilfe und Unterstützung.

DER MENSCHLICHE FAKTOR

Woran sind wir Menschen schuld? Am Klimawandel, durch den unser Planet und die Meere wärmer werden und die Eisberge schmelzen. An den Bergen aus Müll und Chemikalien, die das Wasser verschmutzen und dessen Bewohner gefährden. An den Veränderungen der Umwelt – Ebenen, Wälder und Regenwälder werden zu Ackerland, wodurch Tiere und Pflanzen verschwinden. Außerdem werden zu viele Tiere gejagt und gefischt. Und das ist noch lange nicht alles … ◄

KANNST DU MIR HELFEN?

Gefährdete Tiere sind in der **Roten Liste bedrohter Arten** aufgeführt. Die Liste ist in mehrere Kategorien unterteilt, die das Ausmaß der Gefährdung angeben. Zum Glück gibt es viele Organisationen und Menschen, die der Natur helfen möchten. Der *World Wide Fund for Nature* (WWF) informiert die Öffentlichkeit z. B. über den aktuellen Zustand und zeigt auf, was man tun kann. ▶

Ausgestorben: Tasmanischer Tiger

Vom Aussterben bedroht: Golftümmler

LF UNS

SCHÜTZE DIE NATUR

WIR MÜSSEN NICHT VERHUNGERN. HURRA!

WIR GEGEN DIE FREMDEN

Wer ein fremdes Land entdeckt, bringt häufig etwas mit, meist ein Tier oder eine Pflanze. Die hübsche Blume mag den Garten verschönern und die Katze ein treuer Gefährte sein, aber sie können das Gleichgewicht der örtlichen Natur stören. Einige der **importierten** Tiere haben einheimische Arten verschwinden lassen, weil sich diese nicht wehren konnten. Auch neu gepflanzte Vegetation bekämpft die einheimische und wirkt sich auf die tierischen Bewohner aus. ▲

DU BIST WENIGSTENS NIEDLICH; AUF MICH ACHTET NIEMAND.

ICH BIN EIN TURAKO UND LEBE IN KAMERUN IN AFRIKA.

TIERISCHER CHARME

Wir alle wissen, dass bestimmte Tiere unsere Hilfe brauchen, damit sie nicht aussterben. Die Tierarten, die der Mensch schön findet, habe es etwas leichter – wie beispielsweise Pandas. Wer möchte denn schon, dass es keine niedlichen Pandas mehr gibt? Aber andere Tiere, die wir weniger ansehnlich finden, wie beispielsweise Käfer, haben auch einen großen Einfluss auf die Natur! ◄

ALLES, WAS ICH BRAUCHE ...

Einige Tier- und Pflanzenarten existieren nur an einem Ort auf der Welt – weil es ihnen dort am besten geht. Man bezeichnet sie auch als **endemische Arten**. Manche fressen nur eine bestimmte Art von Nahrung. Wenn sich die natürliche Umgebung dieser einzigartigen Bewohner verändert, kann sich das sehr negativ auf sie auswirken. ▲

Stark gefährdet: Roter Panda

Gefährdet: Koala

Potenziell gefährdet: Leopardgecko

POLARGEBIETE

LETZTE ÜBERRESTE DER WILDNIS

Beide Pole unseres Planeten sind mit Schnee und Eis bedeckt. Die Lebensbedingungen dort sind hart – nirgendwo auf der Erde unterscheiden sich Sommer und Winter mehr. Viele Tierarten wie Eisbären, Polarfüchse, Narwale, Pinguine und Walrosse haben sich in mehreren Tausend Jahren der Evolution an die gefrorene Welt der Polargebiete gewöhnt. Doch die Pole verändern sich aufgrund des Klimawandels stark, und die Tiere können mit derart schnellen Veränderungen nicht mithalten.

DIE ARKTIS

Die Arktis im Norden unseres Planeten besteht aus einem riesigen zugefrorenen Meer, das von Festland umgeben ist. Wer dort lebt, muss mit stark unterschiedlichen Jahreszeiten zurechtkommen. In den harten Wintern liegt überall Schnee und Eis; im Frühling und Sommer scheint die Sonne länger, das Eis schmilzt, und die Tiere kehren wieder zurück. Doch die Zeit, in der es genug zu fressen gibt, ist schnell wieder vorbei. Schon bald gefriert der Arktische Ozean erneut, und alles beginnt von vorn ... ◄

DIE ANTARKTIS

Der Südpol unseres Planeten unterscheidet sich stark von der Arktis – er ist ein vom Meer umgebener Kontinent. Die Antarktis durchläuft jedes Jahr eine atemberaubende Verwandlung, wenn das Eis an den Küsten schmilzt, bis nur noch der halbe Kontinent übrig ist. An einigen Stellen im Landesinneren schmilzt das Eis jedoch nie, nicht einmal im Sommer. Hier leben nur die größten, widerstandsfähigsten Tiere. Die Antarktis ist wichtig für uns, weil sich dort das meiste Eis unseres Planeten befindet, und Eis ist nun mal ein riesiges **Reservoir an Süßwasser.** ▶

NAHRUNGSKETTE

In der Natur ist alles miteinander verbunden. In den arktischen Meeren leben beispielsweise Plankton, Krill und Mikroorganismen, von denen sich die Fische ernähren. Fische sind wiederum die Leibspeise von Ringelrobben, und die Robben gelten unter Eisbären als köstliche Delikatesse. Hast du es bemerkt? Selbst eine Kleinigkeit kann das ganze **Ökosystem** beeinflussen. ▲

LEBENSPENDENDES EIS

Das Eis ist für alle wichtig, die dort leben. Der Wechsel der Jahreszeiten folgt immer demselben Ablauf: Das Eis schmilzt und gefriert wieder. Seit ewigen Zeiten reisen die **Inuit**, die Bewohner der Arktis, mit Hundeschlitten über das gefrorene Meer. Daher kennen sie das Eis so gut wie kein anderer. Früher blieb das Meer bis Juni gefroren und große Eisschollen trieben den ganzen Sommer über im Wasser. Aber heute bricht das Eis viel früher auf und schmilzt für zwei oder drei Monate ganz. ◄

> AUF GEHT'S, MEINE PELZIGEN FREUNDE!

AUF DÜNNEM EIS

Es besteht kein Zweifel mehr daran, dass sich die Arktis und Antarktis verändern. Riesige Eismassen **schmelzen** und zerfallen. Dass das Eis auf dem Meer schmilzt, hat jedoch nicht nur Auswirkungen auf die Polargebiete, sondern auf den gesamten Planeten. Das weiße Eis wirkt wie ein riesiger Spiegel und reflektiert die Sonnenwärme zurück ins All – wodurch sich die Erde abkühlt. Wenn es jedoch schmilzt, nimmt die dunkle Meeresoberfläche das Licht auf, das Wasser erwärmt sich und sorgt dafür, dass auch noch das restliche Eis schmilzt. ►

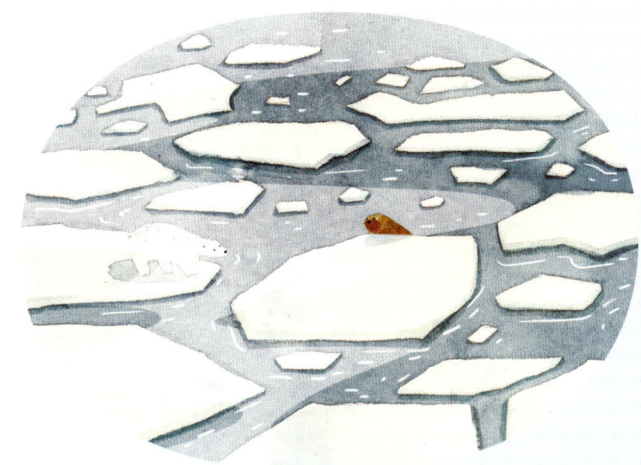

WAS KOMMT ALS NÄCHSTES?

Wenn das Eis und die Eisberge weiterhin schmelzen, kann es passieren, dass **der Meeresspiegel steigt** und einige Küsten oder Inselstaaten überflutet werden. Viele Wissenschaftler arbeiten fieberhaft an einer Lösung. Sie überwachen Polartiere, messen die Dicke des Eises und beobachten Eisberge. Aber damit diese wunderschöne gefrorene Wildnis erhalten bleibt, müssen wir auch etwas tun und unseren Planeten von jetzt an besser behandeln. ◄

> DIESES HALSBAND HILFT UNS, DICH IM AUGE ZU BEHALTEN.

> SOLLTE ICH NICHT LIEBER EINE FLIEGE TRAGEN?

DIE HARTGESOTTENEN
WELCHE TIERE SIND BETROFFEN?

GRÖNLANDWAL

Diese Riesen leben in der Arktis und den umliegenden Meeren. Auf den ersten Blick scheint der Klimawandel sogar gut für Wale zu sein. Wenn das Eis schmilzt, gibt es mehr **Plankton und Krill** – ihr Hauptnahrungsmittel – und die Wale haben mehr als genug zu fressen. Doch die Sache hat auch Nachteile: Im Winter schützt das Eis die Jungtiere vor Schwertwalen. Schmilzt das Eis, fällt es den Walen schwerer, ihre Kälber aufzuziehen und zu beschützen. Wie du siehst, sind diese Riesen stark vom Eis abhängig. ▶

Das Eis schmilzt

EISBÄR

Wenn es in der Arktis Frühling wird, verlässt eine neue Bärengeneration das Winterquartier. Die ganze Familie hat Hunger und muss sich im Laufe der nächsten Monate eine Speckschicht anfressen. Aber ihr Überleben hängt vom **Eis** ab. Darauf paaren sie sich, ziehen umher und jagen ihre Beute: Robben. Im Frühling finden sie überall genug zu fressen. Im Sommer mussten sie schon immer hungern, aber heute ist es aufgrund der kürzeren Jagdsaison und der längeren Sommer noch viel schlimmer. Je länger die Bären darauf warten müssen, dass es Winter wird und das Meer zufriert, desto schlechter sind ihre Zukunftsaussichten. ◀

POLARFUCHS

In der arktischen Tundra, wo der Polarfuchs lebt, hängt alles miteinander zusammen. Die Füchse fressen vor allem Lemminge und Wühlmäuse. Finden sie nicht genug Nahrung, hungern die Tiere und pflanzen sich nicht fort, weil sie ihre Jungen nicht ernähren können. Aufgrund des Klimawandels verändert sich die Wildnis und der Norden wird immer bewaldeter. Das beeinflusst auch die Lemminge, deren Zahl abnimmt, sodass die Füchse noch weniger zu fressen finden. ▶

WOHIN GEHT IHR, JUNGS?

DIESER LÄRM IST UNERTRÄGLICH!

ADELIEPINGUIN

In der Antarktis wirkt sich die schnelle Erwärmung stark auf die Pinguine aus, die ein ähnliches Problem wie die Eisbären im Norden haben: Sie sind vom Meereis abhängig. Im Winter leben sie am Rand der Eisfläche und suchen nach Nahrung, um im Frühling die lange Reise über das gefrorene Meer ins Landesinnere anzutreten. Dort finden sie Stellen, die nicht mit Eis bedeckt sind und auf denen sie **ihre Jungen aufziehen**. Doch die Eisflächen schwinden zunehmend und mit ihnen die Pinguine. Sie müssen Hunger leiden oder weiter in den Süden wandern, wo es kalt genug ist und noch genug Eis gibt. ▼

SIND WIR BALD DA?

ATLANTISCHES WALROSS

Diese majestätischen arktischen Geschöpfe passen sich an die Veränderungen des Eises an. Im Winter, wenn die Eisfläche größer wird, wandern sie in den Süden. Zieht sich das Eis bei Sommeranbruch zurück, gehen sie weiter in den Norden. Auf dem Eis fressen die Walrosse, ruhen sich aus und ziehen ihre Jungen auf. Obwohl sie gut tauchen können, jagen sie gern in Flachwasser. Zieht sich das Eis zurück, müssen sie tiefer tauchen und finden weniger Nahrung. Darum gehen sie häufig **an Land.** Aber dort gibt es nicht genug zu fressen und viele Jungtiere müssen hungern. ◄

ICH FRESSE KRILL.

HOFFENTLICH GIBT ES GENUG.

NARWAL

Narwale haben ebenfalls unter dem Klimawandel zu leiden. Wenn es wärmer wird, sinkt die Zahl der Fische, von denen sie sich ernähren. Schlimmer ist jedoch der **zunehmende Lärm**. Sobald das Eis schmilzt, dringen Menschen mit lauten Schiffen in arktische Gewässer vor und verschmutzen das Wasser. Narwale kommunizieren über Geräusche, und der Lärm ist für sie so, als würde man dir einen Eimer über den Kopf stülpen: Sie finden nicht mehr den Weg, hören schlechter, übersehen Gefahren, was auch die Nahrungssuche und Versorgung der Jungen erschwert. ◄

ANTARKTISCHER KRILL

Wenn diese kleinen Racker aussterben, droht eine Katastrophe. Diese antarktischen Krustentiere fressen die winzigen Algen, die im gefrorenen Meer wachsen. Es ist gut möglich, dass die Algen zusammen mit dem Eis verschwinden. Dies könnte eine **Kettenreaktion** hervorrufen, denn wenn der Krill nichts zu fressen findet, gibt es immer weniger und dadurch müssen auch Tiere wie Fische, Robben, Pinguine, Albatrosse und Wale hungern. ▲

REGENWÄLDER

LEBENSPENDENDES GRÜN

Regenwälder werden auch als die „grüne Lunge unseres Planeten" bezeichnet. Sie bedecken zwar nur einen kleinen Teil der Erde, sind jedoch von immenser Bedeutung. Das liegt daran, dass sie Sauerstoff produzieren, ohne den wir nicht leben können. Trotzdem wurden große Teile der Regenwälder bereits zerstört oder gefällt, und es hört leider nicht auf. So verlieren nicht nur zahllose Tiere und Pflanzen ihre Heimat, auch das Wetter und die Temperaturen werden dadurch beeinflusst, die intakte Regenwälder im Gleichgewicht halten würden.

EINZIGARTIGE REGIONEN

Regenwälder erstrecken sich entlang des Äquators von Südamerika quer durch Afrika bis nach Südostasien und zu den Pazifischen Inseln. Weil sie sich in der **Tropenzone** befinden, ist es dort unglaublich heiß und feucht. Zudem wimmelt es von Leben – nirgendwo sonst auf der Welt findet man so viele Arten wie im Regenwald. Fast die Hälfte aller Tier- und Pflanzenarten der Welt lebt hier. Viele dieser Pflanzen sind sehr wichtig für uns, weil sie für Arzneimittel genutzt werden. ▼

ZERSTÖRUNG UND ABHOLZUNG

Der Mensch ist so unvernünftig. Anstatt die Regenwälder zu schützen, zerstört er sie. Es wird Platz für Häuser, Plantagen, Farmen und Straßen gebraucht, und wie bekommt man ihn? Indem man Bäume fällt oder **niederbrennt**. Aber der Wald ist nicht nur die Heimat von Menschen, sondern auch von Tausenden von Pflanzen und Tieren, von denen viele bisher vielleicht noch nicht einmal entdeckt wurden. ▶

So verschwindet der Regenwald

IM EINKLANG MIT DER NATUR

Wir sollten uns von den **Eingeborenenstämmen** inspirieren lassen. Sie behandeln den Regenwald mit Respekt und nehmen sich nur, was sie unbedingt brauchen. Denn sie wissen, dass alles im Regenwald miteinander verbunden ist. Die Bäume ziehen Wasser aus der Erde. Sobald dort nichts mehr wächst, trocknet der Boden aus und ist nicht mehr so fruchtbar, weil mit den Pflanzen auch die Tiere verschwinden, die ihn sonst gedüngt haben. Auch im Regenwald gilt: Wenn etwas verwest, entstehen Nährstoffe fur neues Leben. ▼

AUF KOSTEN DES REGENWALDES

Heute findet man mehr als nur Bäume im Regenwald: karge, verlassene Gebiete, Plantagen mit verschiedenen Feldfrüchten (z. B. **Ölpalmen**), Farmen und Viehzuchten. Viele Tiere werden aus ihren Territorien verdrängt, was ihnen natürlich nicht guttut. Einige finden nichts mehr zu fressen; andere können keinen Nachwuchs mehr bekommen. ▲

EMPFINDLICHES GLEICHGEWICHT

Ein Regenwald ist ein anfälliges Gebilde, in dem alles **miteinander verbunden** ist. Viele Pflanzen und Tiere sind voneinander abhängig – einige Gewächse benötigen beispielsweise mehrere Vogelarten, Insekten oder andere Tiere, die sie bestäuben und ihre Samen verbreiten. Bäume sorgen für Feuchtigkeit, alles Tote zerfällt und düngt wiederum andere Pflanzen. Du wirst es kaum glauben, aber der Boden im Regenwald ist eigentlich nährstoffarm. Wird der Wald zerstört, kann man ihn deshalb nur schwer wieder aufforsten. ◄

WIE KANN ICH HELFEN?

Es wird nicht leicht, die Regenwälder zu retten, ist aber möglich. Viele Länder, in denen Regenwälder zu finden sind, arbeiten an ihrer Erhaltung: Sie verbieten den Bau neuer Plantagen, gehen gegen Wilderer und den Verkauf von Tieren auf dem Schwarzmarkt vor oder retten gefährdete Tierarten. Rund um die Welt versucht man, diese einzigartigen Orte zu schützen. Auch du kannst mithelfen: Vergeude kein Papier, kaufe fair gehandelte Bananen, und erkläre deinen Freunden, wie wichtig Regenwälder sind. ►

FREUNDE DES GRÜNS

WER LEIDET UNTER DEN VERÄNDERUNGEN?

FOSSA

Diese geheimnisvollen Könige des Dschungels sehen auf Madagaskar einer ungewissen Zukunft entgegen. Ihr Lebensraum wird durch Abholzung immer kleiner, und sie begegnen häufiger Menschen. Fossas fressen gern Lemuren, Reptilien und Vögel und sorgen so für ein Gleichgewicht im Regenwald. Was passiert, wenn es sie nicht mehr gibt? Schon jetzt leben nur noch wenige, und es sieht nicht gut für sie aus. ▶

RIESENOTTER

Diese Otter leben nur in den großen Flüssen Südamerikas. Früher wurden sie wegen ihres glatten Fells gejagt, doch heute schweben sie vor allem in Gefahr, weil ihre Heimat zerstört wird: Flüsse werden **aufgestaut**, an Land wird Gold geschürft, und Menschen lassen sich dort nieder und sorgen für Überfischung und Lärm, womit sie die Otter vertreiben. ▼

PAPA, PACK DEN FISCH EIN, WIR ZIEHEN UM.

SUMATRA-TIGER

Diese edlen Tiere sind vor allem durch Abholzung und Wilderer bedroht. Zusammen mit ihrer natürlichen Umgebung verschwinden auch ihre Beutetiere. Notgedrungen nähern sie sich Siedlungen, werden dort jedoch oft von wütenden Dorfbewohnern erlegt. Aber wir dürfen nicht vergessen, dass die Tiere auf der Insel Sumatra ein wichtiges Beispiel für die **Vielfalt** des dortigen Regenwalds sind. Als größte Jäger des Waldes sorgen die Tiger dafür, dass sich die anderen Tiere nicht zu stark vermehren oder zu viele Pflanzen fressen. ▶

LARVENSIFAKA

Diese schneeweißen Affen gehören zu den gefährdetsten Lemurenarten auf Madagaskar. Zwar können sie in unterschiedlichen Umgebungen leben, verkraften den Verlust ihrer Heimat jedoch nicht. Obwohl sie so entspannt wirken und den Tag am liebsten unter Artgenossen und mit Fressen verbringen, sieht ihre Zukunft alles andere als rosig aus. ◄

AMAZONASDELFIN

Diese Delfine sind so rosa wie Schweinchen und leben im Amazonas und seinen Nebenflüssen. Sie sind besonders beweglich und können sich leicht zwischen Ästen und Baumwurzeln hindurchschlängeln. Aber auch sie sind in Gefahr: Menschen bauen Dämme, stauen die Flüsse und verschmutzen das Wasser. Außerdem gelangt beim Goldabbau giftiges **Quecksilber** ins Wasser, wird von Fischen verschluckt und landet letzten Endes im Magen eines Delfins. ▲

ICH HABE MICH HEUTE NOCH GAR NICHT GEKÄMMT!

BERGGORILLA

Berggorillas gehören zu den gefährdetsten Tierarten. Sie leben in einem Gebiet, in dem viele Jahre lang Krieg herrschte und Menschen Zuflucht in den Regenwäldern suchten. Dadurch waren die Gorillas gezwungen, höher in die Berge zu ziehen, obwohl dort rauere Bedingungen herrschen. Darüber hinaus hat der Mensch **Krankheiten** eingeschleppt, die für die Gorillas sehr gefährlich sind. Selbst eine normale Erkältung ist schlimm für sie. Inzwischen gibt es einige Nationalparks, in denen Gorillas in Frieden leben können. ▲

Flucht vor einem Feuer

SUMATRA-ORANG-UTAN

Diese Orang-Utan-Art verbringt fast ihr ganzes Leben in **Baumwipfeln**. Orang-Utans sind für den Regenwald unverzichtbar, da sie unter anderem Samen verteilen und so das Wachstum neuer Pflanzen fördern. Sie sind nicht nur durch Straßenbau, Palmplantagen und Zerstörung, Abholzung und Brandrodung der Regenwälder gefährdet, sondern werden zudem noch gejagt oder gar als Haustiere verkauft. Damit sie nicht ganz verschwinden, sollte man ihre Waldheimat dringend schützen. ▲

WÜSTEN

RIESIGE ÖDLANDE

Diese gewaltigen, unwirtlichen Landschaften wirken unbewohnbar, aber das sind sie gar nicht! In den Wüsten auf der ganzen Welt wimmelt es von Leben. Doch nur die zähesten Tiere können unter den rauen Bedingungen überleben. Nichts hält ewig, unser Planet verändert sich, und nicht einmal die einheimischen Pflanzen werden verschont. Die Wasserreserven versiegen, die Temperatur steigt, und durch die Zerstörung einzigartiger Lebensbedingungen wird alles nur noch schlimmer.

DAS LEBEN IN DER WÜSTE IST NICHTS FÜR MEMMEN.

DER SANDKASTEN DER WELT

Es gibt mehr Wüsten als nur die Sahara. Man findet sie in Asien, Südamerika, Australien und sogar in Europa! Jede Wüste ist einzigartig, und das nicht nur, weil sich die Bewohner immer wieder anders an das raue Leben anpassen, sondern auch dank der besonderen Tiere und Pflanzen, die man dort findet. Momentan ist ein Fünftel der Landmassen auf der Welt von Wüsten bedeckt, aber es könnten noch mehr werden. ◄

ZUKUNFTSAUSSICHTEN

Selbst unter normalen Umständen ist es in der Wüste furchtbar heiß. Doch je mehr sich unser Planet aufwärmt, desto höher steigen auch die Temperaturen in den Wüsten – und das ist schlecht! Schlimmer noch ist, dass auch die ohnehin schon knappen Wasserreserven versiegen. Bei höheren Temperaturen steigt zudem die Brandgefahr. Alles geht Hand in Hand – ein empfindliches Ökosystem, in dem alles miteinander verbunden ist, kann leicht zerstört werden. ►

ICH ERTRAGE JA VIEL, ABER DIESE HITZE BRINGT MICH UM!

HOFFENTLICH BEMERKT MICH KEINER.

Aufeinandertreffen der Bewohner

AUSBREITUNG DER WÜSTEN

Eines der größten Probleme, vor denen wir heute stehen, ist die zunehmende Ausbreitung von Wüsten, auch **Versteppung** oder **Versandung** genannt. Das Erdreich, auf dem früher Pflanzen wuchsen und verschiedene Tierarten lebten, trocknet aus. Das geschieht, weil der Boden falsch bestellt wird, zu viele Tiere darauf grasen und übermäßig viele Bäume und Sträucher gerodet werden. Die traditionellen Nomadenstämme, die auf der Suche nach Wasser und Nahrung durch die Wüsten reisen, haben ebenfalls zu leiden. Wo sollen sie hingehen, wenn es überall nur noch Sand gibt? Zum Glück ergreift man bereits Gegenmaßnahmen. ▼

REIZVOLL FÜR MENSCHEN

Auch Menschen ziehen in riesige Wüstenstädte wie Las Vegas oder Dubai. Doch je mehr Menschen dort leben, desto mehr Erde und Wasser gehen verloren. Wer rücksichtslos mit dem Auto durch die Wüste fährt, zerstört die Behausungen von Tieren wie dem Kitfuchs. Manche Menschen suchen in Wüsten auch nach **Bodenschätzen** wie Öl, Gold oder Erdgas und errichten Minen, um sie abzubauen. Dadurch stören sie jedoch das natürliche Gleichgewicht und schaden dem Boden, den Tieren und der Vegetation. ◄

WIR MACHEN DAS LAND MIT DER ZAÏ-METHODE WIEDER FRUCHTBAR.

EINHEIMISCHE & NEUANKÖMMLINGE

Die Bedingungen in den Wüsten werden auch von **importierten** Tieren und Pflanzen beeinflusst, die in ihrem neuen Zuhause große Schäden anrichten können. Die einheimischen Tiere leben im Einklang mit der Natur, haben sich an sie angepasst und nutzen sie so, dass alle davon profitieren. Aber Neuankömmlinge können diese natürliche Ordnung stören und sogar den Charakter der Natur verändern. Durch sie wird die Wüste zur Steppe, sie fressen die Nahrung anderer Tiere, verdrängen oder jagen sie sogar. ◄

WIE KÖNNEN WIR DEN WÜSTEN HELFEN?

In vielerlei Hinsicht wird bereits versucht, die Ausbreitung der Wüsten zu verhindern. Eine Methode ist die **Große Grüne Mauer:** Auf einem Landstrich am Südrand der Sahara werden Bäume gepflanzt, um die Erde zu schützen. Umgestürzte Bäume dienen als Kompost und düngen den Boden. Andere Länder bauen Bewässerungssysteme oder versuchen es mit Solarmodulen – denn in der Wüste scheint schließlich meist die Sonne. So könnten Städte mit viel Energie versorgt werden, ohne dass es der Wüste schadet. ▲

HEISSE TYPEN

WEN TREFFEN DIE VERÄNDERUNGEN?

MENDESANTILOPEN

Diese Antilopen leben in der Sahara, doch es gibt immer weniger von ihnen. Sobald es Nacht wird, machen sich die Herden auf die Suche nach Nahrung. Sie können nicht sehr schnell, dafür aber weite Strecken laufen. Das nutzen Wilderer aus, die ihr Fleisch und ihre Haut erbeuten wollen. Steigende Temperaturen und Hitze machen alles nur noch schlimmer. Zum Glück überleben Mendesantilopen auch in **Gefangenschaft,** sodass man sie hoffentlich wieder auswildern kann. ▶

> VERSTECKT EUCH SCHNELL, BEVOR MAN UNS SIEHT!

KITFUCHS

Füchse, die mitten in Amerika leben, haben es nicht leicht, dabei tun sie der Natur unglaublich gut: Sie sorgen dafür, dass es nicht zu viele Nagetiere gibt, und tragen eine Menge zum natürlichen **Kreislauf des Lebens** bei. Aber der Mensch verändert ihren Lebensraum, indem er Felder anlegt und Straßen, Häuser und Solaranlagen baut. Viel zu oft rasen Autofahrer abseits der Straßen durch die Natur und zerstören die Fuchsbaue. ◀

GILBERT-KANINCHENKÄNGURU

Dies ist das kleinste **Beuteltier** der Welt! Es lebt nur an einem einzigen Ort in Australien. Man glaubte schon, Wildkatzen und Füchse hätten es ausgerottet, aber 1994 wurde es wiederentdeckt. Heute achten die Einheimischen darauf, dass den Tieren nichts passiert. Doch da sie sich gern in dichtem Gebüsch verstecken, sind Brände für sie eine große Gefahr. Sollte aufgrund von Hitze ein Feuer ausbrechen, könnte es das Ende für diese Tierchen bedeuten. ▶

WEISSKOPFSEEADLER

In der Vergangenheit nahm die Zahl der Weißkopfseeadler aufgrund von giftigen Pflanzenschutzmitteln immer weiter ab. Sobald diese Substanzen verboten wurden, wuchs der Bestand wieder. Heute müssen sie sich vor allem vor Wilderern, Verletzungen durch Autos und Elektrozäune und insbesondere vor **Blei** in Acht nehmen. Frisst ein Adler ein Tier, das mit einer Bleikugel erschossen wurde, gelangt Blei in seinen Körper und vergiftet ihn. Patronenhülsen aus Blei sollten daher unbedingt verboten werden. ◀

BLÜTENFLEDERMAUS

Diese Fledermaus lebt in Mexiko und den USA in der Nähe von Kakteen. Nachts verlässt sie ihre Höhle und stopft sich den Bauch mit köstlichem Nektar voll. Dank dieser Vorliebe sorgt sie für ein gesundes Gleichgewicht innerhalb der Pflanzenwelt: Sie verbreitet die Samen und fördert das Wachstum neuer Vegetation. Einige Pflanzen bestäubt sie sogar! Aber das ist vielen Menschen egal, die die Fledermäuse im Schlaf stören und sogar ihre Lieblingspflanzen vernichten. Glücklicherweise stehen Blütenfledermäuse jetzt unter Naturschutz! ▼

DAS SIEHT ABER LECKER AUS!

SUCHEN WIR UNS EINEN SICHEREN ORT.

PUH, DAS WAR KNAPP!

KALIFORNISCHE WÜSTENSCHILDKRÖTE

Seit vielen Tausend Jahren leben Schildkröten in den Wüsten von Mexiko und den USA. Doch es werden immer weniger. Obwohl es streng verboten ist, nehmen einige Menschen die Tiere mit oder gefährden sie durch ihre rücksichtslose Fahrweise. Zudem bedrohen die steigenden Temperaturen diese unverwüstlichen Gesellen. Eine **Trockenperiode,** in der nichts wächst, wäre fatal für die Schildkröten, die nur einheimische Gräser fressen. Aber es gibt auch Hoffnung: Inzwischen werden Maßnahmen ergriffen, damit diese einzigartigen Tiere nicht aussterben. ◄

WÜSTENPFLANZEN

In der Chihuahua-Wüste wachsen viele seltsame Pflanzen, die man nirgendwo anders finden kann. Aber auch sie sind in Gefahr, weil einige Schmetterlinge vom Aussterben bedroht sind. In jedem Jahr nimmt der Monarchfalter eine sehr lange Reise auf sich, um in Mexiko zu überwintern. Auf dem Weg dorthin bestäubt er verschiedene Pflanzenarten, darunter auch **Kakteen.** Diese sind ein wichtiger Bestandteil der dortigen Natur, denn sie bieten vielen Tieren Nahrung und Unterschlupf und werden auch von Menschen als Medizin genutzt. Doch wenn sich unser Klima verändert, könnte sich das entscheidend auf den Flug der Schmetterlinge auswirken. ▶

Monarchfalter in der Wüste

GEBIRGE

GIGANTEN AUS STEIN

Über sehr lange Zeit waren Gebirge - die höchsten Orte unseres Planeten - fast völlig verlassen und unerreichbar. Abgesehen von einigen Draufgängern, die nichts gegen Höhen und raue Lebensbedingungen hatten, setzte kein Mensch einen Fuß auf die Berge. Doch das hat sich geändert - der Mensch erobert die Berggipfel nicht nur, er übt auch einen gewaltigen Einfluss auf sie aus. Die Berge würden sich bestimmt über die Ruhe und den Frieden freuen, die sie ihren Besuchern spenden.

Majestätische Bergkette

BERGEWEISE BERGE

Wie entstehen Berge überhaupt? Wenn die Kontinentalplatten unseres Planeten gegeneinanderstoßen, drücken sie die Erdoberfläche nach oben. Diese so entstandenen Riesen sind auf allen Kontinenten zu finden und bedecken große Landstriche. Je höher man klettert, desto mehr verändert sich die Landschaft. Man sieht immer weniger Bäume und Tiere, bis nur noch nackter Fels, Schnee und Eis übrig sind. Brr, was für eine Vorstellung. Aber einige Tiere und Pflanzen überleben selbst unter diesen Bedingungen. ◄

WARUM SIND SIE SO WICHTIG FÜR UNS?

Du fragst dich vielleicht, welchen Nutzen uns die Berge bringen. Die Antwort lautet: einen gewaltigen! Sie dienen als **Reservoir für Wasser,** das sie aus der Atmosphäre sammeln und in Form von Schnee und Eis lagern. Daraus werden über das ganze Jahr Flüsse und Bäche gespeist. Der Mensch verlässt sich auf diese Reservoirs, weil er dadurch nicht nur Wasser, sondern über Dämme auch Energie gewinnt. ►

WOOOW!

DIE ALARMSIRENEN GELLEN!

Die Gebirge sind in Gefahr. Der Klimawandel schadet ihnen, weil die steigenden Temperaturen die Gletscher schmelzen lassen. Eine weitere Bedrohung sind die Menschen, die zu viele Wälder abholzen, zu viel bauen, die Luft verschmutzen und sich nicht für die Natur interessieren. Außerdem besuchen immer mehr Touristen die Berge, ohne Respekt für die Landschaft aufzubringen – sie zertrampeln oder entfernen Pflanzen und stören die einheimische Fauna. ▼

LEER!

AUTSCH!

WO STECKT DENN KARL?

KEINE AHNUNG.

SCHLIMME KONSEQUENZEN

Wenn wir die Bergketten weiter derart verantwortungslos behandeln, lassen die Konsequenzen nicht lange auf sich warten. **Berggletscher** werden schmelzen und nicht nur für Überflutungen sorgen, sondern auch das lebensspendende Trinkwasser wegschwemmen. Durch Bebauung, Abholzung und falsche Anbaumethoden wird der Boden an Berghängen zerstört. Erosion und Lawinen sind die Folge und treten immer häufiger auf. Obendrein verlieren wir einzigartige Tier- und Pflanzenarten. ◀

URSACHE & WIRKUNG

Einst waren Bergwälder Oasen des Friedens. Aber das ist vorbei – über Straßen gelangen immer mehr Menschen in die früher **unzugänglichen Gebiete.** Wälder werden gerodet, und es gibt immer weniger Bäume. Daraus ergeben sich neue Probleme: Der ungeschützte Boden wird brüchig und instabil. Das beeinflusst das Wetter, aber vor allem die Qualität des Wassers, von dem die Einheimischen abhängig sind. ◀

WIE KÖNNEN WIR HELFEN?

Wenn wir die Lage verbessern wollen, sollten wir auf die **Bergbewohner** hören. Sie leben seit Jahrhunderten im Einklang mit der Natur und wissen, wie man ihre Gaben respektvoll nutzt, ohne das wacklige Gleichgewicht zu stören. Wir wollen diese wundervollen Gebiete doch nicht verlieren, oder? ▶

GIPFELSTÜRMER

SCHNEELEOPARD

Dieses majestätische Wesen lebt im Himalaya, Pamir und Altai und gehört zu den zähesten Katzen der Welt. Aber die Schönheit dieser Tiere ist nicht nur Dekoration – ihr dichtes Fell schützt sie vor der rauen Kälte. Leider ist es aus genau diesem Grund auch bei Wilderern sehr begehrt. Der Mensch ist der einzige Feind des Schneeleoparden. Heute versucht man, diese Tiere zu schützen, aber das ist schwer, da sie ausgesprochen scheu sind und meist in riesigen unbewohnten Gebieten leben. ▶

MOSCHUSTIER

Dieser tierische Dracula sieht unserem Hirsch sehr ähnlich. Der auffälligste Unterschied ist, dass Moschustiere lange Hauer anstelle eines Geweihs haben. Sie leben in den Bergregionen im Norden Asiens. Auch diese an einen Vampir erinnernden Tiere sind gefährdet. Man jagt sie wegen ihrer Moschusdrüse, die den für die Parfümherstellung benötigten **Moschus** produziert. Es wäre doch furchtbar, ein so ungewöhnliches Tier zu verlieren! ▼

WIE KOMME ICH JETZT ZU MEINER VERABREDUNG?

ZUM LETZTEN MAL: DU BIST NICHT DRACULA!

BERGBILCHBEUTLER

Auch die Bergbilchbeutler haben es nicht leicht. Sie gehören nicht nur zu den kleinsten Beuteltieren der Welt, sondern auch zu den gefährdetsten, obwohl sie die einzigen australischen Säugetiere sind, die in einer alpinen Umgebung leben. Am meisten leiden sie unter den vielen neugebauten Skizentren – schließlich ist es nicht witzig, wenn jemand mit Skiern über dein Haus rast. ▲

IST DAS ZU FASSEN? WAS WOLLEN DIE SCHON WIEDER AUF UNSEREM WEIDELAND?

ARGALI

Nicht einmal ihre beeindruckenden **Hörner** können sie schützen. Als eine der größten Wildschafrassen der Welt sind sie ins Visier von Trophäensammlern geraten, die sich ihre Hörner nur zu gern an die Wand hängen. Zudem fallen immer mehr Schafherden in ihre Gebiete ein und fressen ihnen ihr Lieblingsgras weg. Wenn die Zahl der Argalis weiter so sinkt, werden auch die Schneeleoparden aussterben. Warum? Weil Schneeleoparden sehr gern Argalis fressen, und wenn ihnen die Nahrung ausgeht, dann können sie nicht überleben. ◄

BERGTAPIR

In den südamerikanischen Anden lebt ein witziges Tier mit einem kleinen Rüssel. Tapire sind perfekt für das Leben in **großen Höhen** ausgestattet. Sie würden so gern in den Wäldern herumlaufen, hin und wieder schwimmen gehen und sich mit Beeren vollstopfen. Aber das wird ihnen verwehrt! Wo Ackerbau und Viehzucht boomen, wurden sie vertrieben. Als wenn das nicht schlimm genug wäre, wird noch immer Jagd auf Tapire gemacht, obwohl das längst verboten wurde. ►

Tapire haben keine Höhenangst

Der Lieblingssnack der Pandas

GROSSER PANDA

Pandas waren früher ein Symbol für den Tierschutz. Früher? Ja, du hast richtig gelesen. Denn Pandas sind keine vom Aussterben bedrohte Tierart mehr! Wir haben seit 1970 viel getan: die Jagd auf Pandas verboten, Reservate geschaffen und Pandas in Zoos und anderen Einrichtungen gezüchtet. Noch sind die Pandas nicht gerettet, denn sie pflanzen sich nicht gern fort, und aufgrund des Klimawandels gibt es immer weniger Bambus, der ihre Hauptnahrungsquelle darstellt. Doch es sieht ganz danach aus, als wären die Bemühungen der Naturschützer nicht umsonst gewesen. ◄

GELBSCHENKELFROSCH

Der Tarnfrosch lebt! Nach vielen Jahren haben Wissenschaftler neue Lebensräume dieser maskierten Frösche in der Sierra Nevada, einer Bergkette in den USA, entdeckt. Das lag jedoch nur daran, dass man sich um die **Seen** gekümmert hat, in denen diese Frösche leben. Ihr schlimmster Feind sind Forellen, die wieder einmal von Menschen ins Wasser gesetzt wurden. Die Forellen fressen den Froschlaich und können so eine ganze Generation neuer Frösche im Handumdrehen vernichten. ►

HAUT AB!

GRASGEBIETE

UNTERSCHÄTZTE FLÄCHEN

Die Grasgebiete unseres Planeten tragen viele Namen - in Nordamerika nennt man sie Prärie, in Asien Steppe, in Afrika Savanne und in Südamerika Pampa. Auch wenn sich die Namen unterscheiden, haben sie doch vieles gemeinsam: Sie sehen nicht nur ähnlich aus, sondern leiden auch unter denselben Problemen. Grasgebiete sind zwar robust und halten eine Menge aus, wird das empfindliche Gleichgewicht jedoch gestört, kommt es zu Komplikationen.

LASS DAS GRAS WACHSEN

Wie der Name vermuten lässt, findet man in Grasgebieten vor allem **Gräser** und **Büsche.** Da es nur selten regnet, gibt es dort kaum Bäume. Wo keine Bäume stehen, wächst das Gras dicker nach, wenn es von den Tieren abgefressen wurde. Dank der vielen Gräser findet man in den Grasgebieten zahlreiche Tiere wie Zebras, Antilopen und Bisons. Sie dienen wiederum größeren Raubtieren wie Löwen oder Leoparden als Nahrung. ▶

HABT IHR DAS AUCH GEHÖRT?

REISE IN DIE VERGANGENHEIT

Früher sahen Grasgebiete noch völlig anders aus. Beispielsweise streiften einst riesige Bisonherden über die Ebenen Nordamerikas. Heute nutzt man Grasgebiete aufgrund der fruchtbaren Erde häufig als Ackerland. Wir sollten uns mächtig schämen, denn Grasgebiete sind die am schlechtesten geschützten Regionen auf der Erde. ▲

MENSCHLICHER EINFLUSS

Der Mensch **verwandelt** Grasgebiete, legt Felder auf fruchtbarem Boden an, lässt Vieh anstelle einheimischer Tiere dort grasen und baut wie ein Wahnsinniger. Die Landwirtschaft ist der schlimmste Feind der Grasgebiete. Doch wenn wir den Boden nicht übertrieben, sondern respektvoll nutzen, haben wir noch eine Chance, die Situation zu verbessern. ▶

GESTÖRTES GLEICHGEWICHT

Grasgebiete befinden sich in ständigem Wandel. Trocken- und Regenzeiten wechseln sich ab. Auch die Bewohner ändern sich, da viele Tiere nur auf der Nahrungssuche von einem Ort zum nächsten wandern. Gefürchtete Brände können verwüstete Ebenen wieder fruchtbar machen. Aber das sind **natürliche,** keine von Menschen hervorgerufene Veränderungen, die den Grasgebieten nutzen und nicht schaden. ▲

Schutz der Tierwelt

WILDERER UND TROPHÄENJÄGER

Die wunderschönen Tiere, die in den Grasgebieten leben, locken **Wilderer** und **Trophäenjäger** an. Auf afrikanischen Savannen haben sie es z. B. auf Nashörner abgesehen, und aufgrund der Nachfrage nach den Hörnern sind einige Unterarten inzwischen ausgestorben. Amerikanische Farmer jagen hingegen Präriehunde und behaupten, sie wären eine Bedrohung für die Landwirtschaft. ▶

ICH ERKENNE HIER GAR NICHTS MEHR WIEDER.

KANN MAN HELFEN?

Viele Organisationen, Rancher und Einheimische versuchen, den **ursprünglichen Zustand** der Grasgebiete wiederherzustellen. Wenn alle zusammenarbeiten, könnte das auch gelingen. Schließlich sind die Grasgebiete nicht nur für ihre Bewohner, sondern für alle Menschen wichtig. Ohne sie gäbe es nicht genug fruchtbare Erde, frische Luft oder Bienen. ▶

IHR WERDET GANZ SCHNELL WACHSEN.

NOMADEN DER EBENEN

WEN TREFFEN DIE VERÄNDERUNGEN?

AMERIKANISCHER BISON

Einst lebten Millionen dieser riesigen Kreaturen auf den großen Ebenen Amerikas. Als die Europäer nach Amerika kamen, haben sie die Bisons gnadenlos gejagt. Doch diese umherwandernden Tiere waren sehr wichtig für die Ebenen. Im Verlauf ihrer Reise beeinflussten sie die Wildnis und trugen zu ihrem Erhalt bei. Wie sie das gemacht haben? Indem sie auf unterschiedlichen Höhen grasten, schufen sie Nistplätze für Vögel. Zudem hinterließen die Bisons **Mulden** im Boden, in denen sich der Regen sammelte, sodass andere Tiere dort ein Zuhause und Wasser finden konnten. ▶

Familientreffen

SAIGAANTILOPE

Saigaantilopen sind die gefährdetsten Tiere der mongolischen Steppe. Ihnen droht aus allen Richtungen Gefahr: Sie werden gnadenlos gejagt, haben ihren natürlichen Lebensraum verloren und müssen sich mit ungünstigem Wetter herumschlagen. Zwar eignen sie sich perfekt für das Leben unter rauen Bedingungen, aber die momentanen Schwankungen tun ihnen nicht gut. Wir sollten diese seltsamen Huftiere unbedingt schützen, schließlich leben sie schon seit der Zeit der Mammuts und Säbelzahntiger auf der Erde. ▲

SCHWARZFUSSILTIS

Dieses unscheinbare Tier ist ein sehr gefährdeter Bewohner der großen Ebenen Nordamerikas. Einmal ist es den Menschen bereits gelungen, diese Iltisart vor dem Aussterben zu retten, aber sie ist noch lange nicht über den Berg. Ihr Lebensraum wird ständig kleiner. Außerdem sind die Tiere von Präriehunden abhängig, die nicht nur einen wichtigen Teil ihrer Ernährung darstellen; Schwarzfußiltisse nutzen auch deren Baue, um ihre Jungen aufzuziehen. Je weniger Präriehunde es gibt, desto schlechter stehen die Chancen der Schwarzfußiltisse. ▼

WIEDER KEINER ZU HAUSE.

Lauernder Wilderer

SPITZMAULNASHORN

Auf den afrikanischen Savannen leben blattfressende Nashörner, deren Horn gleichzeitig ihr Fluch ist. Wieso? Weil es Wilderer anlockt, die glauben, es würde Heilkräfte besitzen. Daher werden die Hörner der Nashörner für sehr viel Geld verkauft. Glücklicherweise treten immer mehr Menschen für den Schutz dieser Tiere ein, versuchen, ihren zerstörten Lebensraum wieder aufzubauen, oder siedeln sie in Nationalparks um. ◄

BEIFUSSHUHN

Das Leben des Beifußhuhns auf den amerikanischen Ebenen ist nicht leicht. Früher konnten diese Tiere frei in ihren Territorien herumwandern, sich vor ihren Auserwählten putzen und ihren **Paarungstanz** aufführen. Doch der Lärm der Windkraftwerke übertönt ihre Paarungsrufe, und da sie sich an immer weniger Orten (sogenannten Leks) zur Paarung treffen können, sieht es schwarz für sie aus. ►

AFRIKANISCHER WILDHUND

Afrikanische Farmer können diese Tiere nicht leiden und behaupten, sie würden das Vieh fressen. Aber das ist gelogen – meist waren Löwen oder Hyänen die Übeltäter. Aus diesem Grund legen Naturschützer den Hunden Halsbänder an, um ihre Position bestimmen zu können, und bauen zusammen mit den Farmern Pferche für das Vieh. Aber vor allem erklären sie den Menschen, warum die Hunde geschützt werden müssen. Schließlich ist der Mensch schuld daran, dass es immer weniger dieser Tiere gibt. ◄

KANINCHENKAUZ

Anders als normale Eulen lebt diese kleine amerikanische Art unter der Erde, indem sie einfach den Bau eines anderen Tiers bezieht. Aber ihr Lebensraum wird mit immer mehr Supermärkten, Parkplätzen und Häusern zugebaut. Auch **Pestizide** und Schädlingsbekämpfungsmittel schaden den Vögeln. Denn sie fressen gern Mäuse und Insekten und nehmen die schädlichen Substanzen dadurch auf. ►

OZEANE

ENDLOSE WASSERWELTEN

Im Meer sind ungeahnte Welten zu finden. Es ist kein Wunder, dass der Ursprung allen Lebens im Ozean zu finden ist, denn hier wimmelt es nur so von unterschiedlichen Lebensformen. Meere sind auch für Landbewohner sehr wichtig: Sie produzieren Sauerstoff, beeinflussen das Wetter auf der ganzen Welt und schenken uns ihre Schätze, die wir als Nahrung, Arzneimittel oder Rohstoffe nutzen. Außerdem reisen wir in Schiffen über das Wasser. Aber behandeln wir die Meere so gut, wie sie es verdienen?

SO VIELE UNTERSCHIEDE

Für dich sehen Meere auf der Landkarte vermutlich überall gleich aus, doch der Eindruck täuscht. Mancherorts ist der Ozean von Eis bedeckt. Dann wieder herrschen Kälte und Dunkelheit. Man findet aber auch Orte, die sich durch eine unglaubliche Farbenpracht auszeichnen. In einigen Meeren wimmelt es von Leben, während andere ausgestorben wirken. Der Ozean ist so **riesig,** dass der Mensch erst einen Bruchteil davon erkundet hat. ▶

Kommerzieller Fischfang

INTERNATIONALE GEWÄSSER

Auch im Meer gibt es Stellen, an denen Landesgrenzen verlaufen. Außerhalb dieser Grenzen bestimmen keine Gesetze darüber, wie stark der Mensch eingreifen darf. Aus diesem Grund betreibt man dort rücksichtslos Fischerei, Bergbau und Schifffahrt und verschmutzt dadurch die Umwelt. Wenn wir die Meere weiterhin auf diese Weise ausnutzen, dann werden wir bald die Folgen zu spüren bekommen. ◀

DIE KLEINSTEN & DIE GRÖSSTEN

In den Meeren leben ebenso winzige wie riesige Kreaturen. Ihre Größe ist unbedeutend, da sie alle voneinander abhängig sind. Der kleinste Krill kann das Leben von Walrossen oder gar Walen beeinflussen. Mit zunehmender Wasserverschmutzung wandern die Schadstoffe in der **Nahrungskette** nach oben, bis sie nicht nur die größten Tiere, sondern auch uns erreichen. ▲

MÜLLKIPPE DER MENSCHHEIT

Der Mensch nutzt das Meer häufig als Müllhalde und wirft Abfall, Chemikalien und viele andere schädliche Dinge hinein. Unser größtes Problem stellt das **Plastik** dar: Jährlich landen mehr als 8 Millionen Tonnen Plastik im Meer. Und das ist für niemanden gut. Tiere verletzen sich daran oder fressen es, und das Plastik löst sich im Wasser in kleine Partikel auf. ◄

WARUM IST DAS FÜR UNS WICHTIG?

Ozeane sind von **Phytoplankton** besiedelt, kleinen Meerespflanzen und -organismen, die über die Hälfte des von uns eingeatmeten Sauerstoffs erzeugen. Sie kämpfen gegen die Erderwärmung an und absorbieren die Substanzen, die diese verursachen. Darüber hinaus sind sie für die Wärmeverteilung verantwortlich und beeinflussen das Wetter und den natürlichen Wasserkreislauf. Wie du siehst, können wir nicht auf die Ozeane verzichten. ►

WIE KÖNNEN WIR DEN MEEREN HELFEN?

Im Augenblick schützen wir gerade mal einen winzigen Teil der Ozeane und Meere unseres Planeten. Doch das soll sich ändern: Viele Länder treten für den Schutz des Wassers ein. Was du dazu beitragen kannst? Wenn du Plastikprodukte zu Hause hast, recycle sie oder, noch besser, versuche, generell auf Plastik zu verzichten. Wirf Abfall immer in die Mülltonne, und iss nur nachhaltig gefangenen Fisch. Das sind zwar nur kleine Schritte, aber sie helfen den Meeren schon weiter. ◄

ES DAUERT UNDERTE, WENN NICHT GAR TAUSENDE VON JAHREN, BIS SICH PLASTIK AUFLÖST.

UNTERWASSERBEWOHNER

KARIBIK-MANATI

Diese friedlichen riesigen Pflanzenfresser ernähren sich von Seegras und lieben **warmes Wasser.** Sie mögen keine Kälte und reisen daher von Ort zu Ort, wenn es ihrem Wohlbefinden dient. Wetterveränderungen sind nämlich gar nichts für Manatis. Obendrein wird ihnen ihre Trägheit oftmals zum Verhängnis, denn es kommt häufig vor, dass sie mit Schiffen zusammenprallen oder sich in Netzen verfangen. ▶

ICH HABE NOCH IMMER EINE BEULE.

Gefährliche Fischernetze

HECTOR-DELFIN

Diese kleinste Delfinart der Welt ist in den Küstengewässern vor Neuseeland zu finden. Deshalb ist sie auch so gefährdet: Die Tiere bleiben in den **Fischernetzen** hängen. Laute Schiffe, verschmutztes Wasser und eingeschränkte Lebensräume machen ihnen ebenfalls zu schaffen. Deshalb versucht man, den Fischfang mit Netzen zu verbieten, und schafft Schutzgebiete für diese schönen Meeresbewohner. ◀

BRILLENPINGUIN

Auch im warmen Afrika gibt es Pinguine. Diese Unterwasserflitzer fressen kleine Fische. Ihre Nahrungssuche wird manchmal dadurch erschwert, dass nach einem **Tankerunglück** große Mengen an Öl ins Wasser gelangt sind. Das Öl verklebt ihr Gefieder und erschwert das Schwimmen. Und der Klimawandel macht alles nur noch schlimmer: Früher gingen Pinguine in kalten Gewässern voller Fische auf die Jagd. Heute gibt es nicht nur weniger Fische, sondern auch weniger kalte Orte. Daher müssen die Pinguine lange nach Nahrung suchen, was sehr anstrengend ist. ▶

HILFE, DER SCHWARZE MANN!

ICH BIN'S NUR, DEIN VATER!

BLAUFLOSSEN-THUNFISCH

Man könnte meinen, diese Unterwasserraser könnten allen Problemen davonschwimmen. Aber vor der Gier der Menschheit gibt es kein Entkommen. Das Fleisch dieser Tiere wird für Sushi-Gerichte genutzt und gilt als **Delikatesse** – und da man viel Geld dafür bezahlt, lohnt sich der Fang für die Fischer. Doch Thunfische sind nicht nur als Lebensmittel gefragt, sondern nehmen einen wichtigen Platz in der Nahrungskette ein. Ohne sie gibt es kein Gleichgewicht im Meer und andere Tiere wie Seeschildkröten würden ebenfalls verschwinden. ◄

SCHWERTFISCH

Nicht einmal der an ein Schwert erinnernde Oberkiefer eines Schwertfischs kann ihn vor der Überfischung retten. Viele Fischer setzen bei der Jagd auf Schwertfische zudem Methoden ein, bei denen auch andere Tiere wie Schildkröten, Haie und Delfine verletzt oder getötet werden. Zahlreiche Schwertfischgebiete wurden bereits leer gefischt. Wir müssen gut auf die letzten dieser Tiere aufpassen. ►

MEERECHSE

Können Reptilien gut schwimmen? Oh ja, und diese einzigartigen Bewohner der Galapagosinseln beweisen es. Tagsüber sonnen sich Meerechsen auf Steinen, aber sobald sie hungrig werden, schlüpfen sie ins Wasser und fressen köstliche Algen. Sie sind zwar gute Schwimmer, aber an Land kommen sie nicht so schnell voran. Ihre Eier oder Jungen werden daher oft von streunenden Katzen und Hunden oder Wanderratten gefressen. Auch der Klimawandel wirkt sich auf das **Schlüpfen** ihrer Jungen aus. ◄

PAPAGEITAUCHER

Diese maritimen Zeitgenossen müssen sehr unter dem Menschen leiden, der ihnen die kleinen Fische wegfängt, die sie gern fressen. Somit verbringen Papageitaucher immer mehr Zeit mit der Nahrungssuche und dem Füttern ihrer Nestlinge. Zusätzlich haben es viele eingeschleppte Tiere wie Ratten, Katzen und Hunde auf die Nester der Papageitaucher abgesehen. ►

KORALLENRIFFE

FARBENFROHE WUNDERWERKE

Korallenriffe wirken wie Oasen in Wasserwüsten und sind voller Leben. Man findet sie in tropischem Flachwasser, in dem man ansonsten nicht viele Tiere antrifft. Sage und schreibe ein Viertel der Meeresfauna unseres Planeten lebt in Korallenriffen oder in deren Nähe. Beeindruckend, nicht wahr? Diese Ökosysteme sind ebenso reichhaltig und wichtig wie die Regenwälder. Aber viele Korallenriffe verlieren an Farbe, werden blass und sterben. Was ist der Grund dafür?

LEBENDIGE KORALLEN

Die Riffe sind das Werk von **Korallenpolypen** – winzigen Kreaturen wie Seeanemonen, die in Gruppen zusammenleben. Korallenriffe gleichen Kleinstädten und bestehen aus den Kalkskeletten uralter Organismen. Sie werden von Jahr zu Jahr größer, einige um wenige Zentimeter, andere sogar um einen Meter! Bis ein großes Korallenriff entstanden ist, können zehntausend Jahre vergehen! ◄

WICHTIGES ÖKOSYSTEM

Korallenriffe haben eine große Bedeutung: Sie bieten einer Vielzahl von Meeresorganismen Nahrung, Unterschlupf und dienen als Paarungsgebiet. Auch für uns Menschen sind sie ausgesprochen wichtig. Korallen benötigen zum Wachsen ausreichend Licht, darum findet man sie nur in bestimmten Tiefen und sehr häufig an Küsten. Zu den größten und bekanntesten Riffen gehört das **Great Barrier Reef** in Australien; weitere Riffe findet man beispielsweise in Indonesien. ▶

AUFGABENTEILUNG

Eigentlich sind Korallen gar nicht bunt – die Farbe wird von **Algen** erzeugt, die sich auf ihnen ansiedeln. Diese Zweckgemeinschaft ist für beide von Vorteil: Die Alge wird durch die Koralle geschützt und versorgt sie dafür mit Nahrung und Photosyntheseprodukten, wodurch die Koralle weiter wachsen kann. Glückliche Korallen sind darum farbenfroh. ◄

NATÜRLICHE GEFAHREN

Korallen leben tagtäglich mit Veränderungen durch die Gezeiten. Bei Ebbe fällt der Wasserspiegel ab, die freigelegte Koralle wird wärmer und kann sogar austrocknen – doch zum Glück verfügt sie über einen Abwehrmechanismus: Sie produziert einen schützenden Schleim. Wirbelstürme, Erdbeben und Hurrikane sind jedoch eine große Gefahr für sie. Gesunde Korallen erholen sich meist von Naturkatastrophen, jedoch nicht unbedingt von anderen Unglücken … ▼

Auf dem Trockenen

DAS VERSCHWINDEN DER KORALLEN

Im Laufe der letzten 30 Jahre ist beinahe die Hälfte aller Korallen verschwunden. Wie konnte das passieren? Wieder einmal ist der Mensch schuld daran. Wir bauen immer mehr Häuser und Fabriken und haben darüber hinaus den Klimawandel eingeleitet. Das Wasser wird wärmer und saurer, was den Riffbewohnern schadet. Steigt die Wassertemperatur nur um ein Grad Celsius, erleiden alle Korallen **Stress** und verlieren die photosynthetischen Algen, denen sie ihr Wachstum und ihre Farben verdanken. Dadurch werden sie immer blasser und schließlich komplett weiß. ◄

Ausgebleichte Korallen

WIE KÖNNEN WIR HELFEN?

Ein totes oder beschädigtes Riff lässt sich nur schwer wiederbeleben. Viele Wissenschaftler suchen nach einer Methode, um die Katastrophe rückgängig zu machen. Sie versuchen, den schädlichen Einfluss der Menschen zu verringern, und bauen mithilfe besonderer Materialien künstliche Riffe, um die Küsten zu schützen, an denen die Korallen leben. Zudem arbeiten Forscher daran, Korallen **künstlich** in Laboren zu züchten. ▶

ICH WERDE EUCH AUFPÄPPELN.

NACHBARN DER KORALLEN
EINZIGARTIGE BEWOHNER

NAPOLEON-LIPPFISCH

Dieser riesige Fisch ist ein wahrer Unterwasser-Supermann und Beschützer der Korallenriffe. Napoleon-Lippfische sind bei Fischern heißbegehrt, da sie zu den teuersten Korallenfischen der Welt gehören und als beliebte Delikatesse geschätzt werden. Aber ohne diese Tiere würde es viel mehr Dornenkronenseesterne geben, die zu den schlimmsten natürlichen Feinden der Korallen zählen. ▶

DAS WAR KNAPP!

In Netzen verfangen

GRAUER RIFFHAI

Haie haben ein schweres Los bei den Menschen, denen sie ihren schlechten Ruf verdanken. Aber ohne diese wundervollen Tiere sähen Korallenriffe völlig anders aus. Wie viele andere Meeresbewohner fallen auch sie viel zu oft Fischern zum Opfer, die aus ihren Flossen Suppe kochen wollen. ◀

ICH BIN HIER SO ALLEIN.

GROSSER HAMMERHAI

Sie sind gefährliche Raubtiere und werden als Tiger der Meere bezeichnet, zugleich gehören sie jedoch einer gefährdeten Art an. Wie kann das sein? Große Hammerhaie werden vor allem wegen ihrer großen Flossen gejagt, so wie viele andere Haiarten auch. Aber Haie sind für die Gesundheit des Meeres unverzichtbar: Sie erhalten die Ordnung und das Gleichgewicht im Meer aufrecht. Große Hammerhaie können sehr alt werden, bekommen aber nur selten Nachwuchs. Aus diesem Grund ist eine **Erneuerung** ihrer Art schwer zu erreichen. ▶

RIESENMANTA

Mantas sind unglaublich kluge und neugierige Tiere. Doch in letzter Zeit verschwinden diese Schönheiten aus den Ozeanen der Welt, und schuld ist wieder einmal der Mensch. Die Mantas verfangen sich in Fischernetzen und können sich nicht allein daraus befreien. Die Erderwärmung, die Übersäuerung des Wassers und die Touristenhorden, die ihnen **zu nahe** kommen, machen ihnen das Leben außerdem schwer. Wenn sich daran nichts ändert, gibt es bald immer weniger Mantas – und das wäre sehr schade! ◄

ECHTE KARETTSCHILDKRÖTE

Alle Schildkröten im Meer würden unter dem Verlust der Korallenriffe leiden, aber die Echte Karettschildkröte wäre am schlimmsten dran: Sie ernährt sich nämlich von den Pilzen, die auf den Korallen wachsen. Darüber hinaus spielen diese Tiere im Meer eine wichtige Rolle, weil sie **Nährstoffe** zwischen dem Wasser und dem Land hin- und hertragen und für ein gesundes Seegraswachstum und das Gleichgewicht in der Nahrungskette sorgen. Der Mensch jagt sie wegen ihrer schön gemusterten Panzer. Oft werden ihnen zudem Fischernetze zum Verhängnis. ►

SÄULENKORALLE

Wir dürfen natürlich auch die Korallen selbst nicht außer Acht lassen, denen wir diese unglaublich vielseitigen Ökosysteme rings um die Riffe überhaupt verdanken. Säulenkorallen können bis zu zwei Meter hoch werden und bieten meist einer Vielzahl anderer Lebewesen Unterschlupf. Sie reagieren jedoch sehr empfindlich auf Veränderungen der Wassertemperatur und des Säuregehalts des Wassers. Wenn es ihnen nicht gut geht, erleiden sie Stress, werden **blass** und sterben schließlich ab. ◄

INDISCHER RIPPEN-FALTERFISCH

Diese gestreifte Schönheit, die von Touristen und Fischfreunden gleichermaßen bewundert wird, ist möglicherweise vom Aussterben bedroht. Das ist eigentlich kaum zu glauben, da es diese kleinen Fische auf der ganzen Welt gibt. Das Problem ist nur, dass sie sich von einer einzigen Korallenart ernähren und ohne sie nicht überleben können. Sobald diese Korallen verschwinden, werden wir daher auch diese prächtigen Fische verlieren. ►

DAS KÖNNEN WIR TUN

WIE KANN ICH MITHELFEN?

Was tun Menschen, um gefährdete Tierarten zu retten? Sie schaffen Schutzzonen, in denen die Bewohner vor Gefahren sicher sind, niemand ihren natürlichen Lebensraum zerstört, sie nichts von invasiven Arten zu befürchten haben und ihnen keine Wilderer auflauern. Außerdem halten wir gefährdete Tierarten in Gefangenschaft, um sie später auszuwildern. Darüber hinaus gibt es Gesetze und Bestimmungen, die den Tierschutz regeln. Viel wichtiger ist jedoch, dass immer mehr Menschen etwas beitragen und nicht nur gefährdete Pflanzen- und Tierarten, sondern auch die Natur und unseren Planeten schützen wollen, ohne die es diese wundervollen Kreaturen gar nicht erst gäbe. Hier findest du noch einige Tipps, was du für die geplagte Natur tun kannst.

DAAAAANKE!

Gegenseitiger Respekt

SCHÖN, DICH KENNENZULERNEN

Kennst du die Pflanzen und Tiere in deiner Umgebung? Schau dich gut um, und mach dich mit ihnen vertraut – selbst das unscheinbarste Gewächs und die kleinste Kreatur könnten Hilfe gebrauchen, du weißt es vielleicht nur noch nicht. Geh spazieren, und finde heraus, ob es Pflanzen und Tiere in deinem Umfeld gibt, denen du helfen kannst. Rede auch mit deinen Freunden darüber, denn je mehr Menschen davon wissen, desto besser. ◄

VERÄNDERE DEINEN GARTEN

Wir pflanzen gern farbenfrohe, manchmal fremdartig wirkende Blumen in unsere Gärten. Sie sehen vielleicht schön aus, sind für die einheimische Tierwelt jedoch völlig ungeeignet. Am besten setzt du nur **Pflanzen** in deinen Garten, die den Bewohnern zugutekommen. Bienen und andere Tiere werden es dir danken! Und dass du keine giftigen Unkrautvernichtungsmittel mehr verwendest, wird sie ebenfalls erfreuen. ►

DIESER GARTEN GEFÄLLT MIR AM BESTEN!

BEDANKT EUCH SCHNELL BEI ALLEN, DIE SICH FÜR DIE NATUR EINSETZEN!

GRÜNES LEBEN

Keine Sorge, du musst keine grüne Kleidung tragen oder nur Grünes essen und trinken. Mit einem „grünen Leben" ist gemeint, dass man an die Natur um sich herum denkt: Trenne z. B. den Müll, und wirf ihn in den entsprechenden Abfalleimer. Versuche, weniger Dinge aus Plastik zu benutzen. Oder bitte deine Eltern, Mittel zu verwenden, die der Umwelt nicht schaden. Das mögen nur kleine Schritte sein, aber sie bewirken eine Menge! ▼

HURRA, WIR SIND FREI!

VERNÜNFTIG HANDELN

Wenn du in einem fernen, exotischen Land Urlaub machst, möchtest du vielleicht ein **Andenken** mit nach Hause nehmen. Überleg dir gut, was du kaufst: Ein Schildkrötenpanzer ist eine schlechte Wahl. Meeresschildkröten sollten im Wasser schwimmen und nicht unsere Wohnungen zieren! ◄

BESCHÜTZER DER NATUR

Hurra! Du stehst kurz davor, ein wahrer Beschützer der Natur zu werden. Wenn man mal darüber nachdenkt, ist das gar nicht so schwer, oder? Je mehr Menschen mitmachen, desto größer ist die Chance auf Erfolg. Schließlich wollen wir nicht, dass die Schönheit der Natur um uns herum verschwindet. Es wäre doch schade, wenn es einige Tiere bald nur noch auf Fotos geben würde ... ▶

WIR BESCHÜTZEN EUCH!

Bis zum nächsten Mal!

© Translated from Original:
Animals in Danger or How We Can Help Them
© Designed by B4U Publishing, 2018
member of Albatros Media Group
Autorin: Pavla Hanáčková
Illustratorin: Linh Dao
www.albatrosmedia.eu
All rights reserved.
© der deutschen Ausgabe: Ullmann Medien GmbH,
Rolandsecker Weg 30, D-53619 Rheinbreitbach
Gesamtherstellung: Ullmann Medien GmbH, Rheinbreitbach
Übersetzung: Kerstin Fricke
Lektorat: Maxi Lange
Satz: Noch & Noch, Datteln
Coveradaption: Beate Lennartz
ISBN 978-3-7415-2396-0
10 9 8 7 6 5 4 3 2 1
www.ullmannmedien.com